변성기의 아침

한국대표
명시선
1 0 0

유 재 영

변성기의 아침

시인생각

■ 시인의 말

  시와 시조로 나누어 묶는다.
  PART 1. 시는 「모씨某氏」부터 「꽃의 조건」까지는 첫 시집 『한 방울의 피』(평민사 1983년 초판본)를, 「오월」부터 「일행의 시詩」까지는 『지상의 중심이 되어』(도서출판 시학 2001년 3쇄본)를, 「먼 길」부터 「그곳에 집이 있다」까지는 『고욤꽃 떨어지는 소리』(도서출판 시학 2005년 2쇄본)를, PART 2. 시조는 「물총새에 관한 기억」부터 「가을 손님」까지는 『햇빛시간』(도서출판 태학사 2008년 5쇄본)을, 「오동꽃」부터 「묵은 책」까지는 『절반의 고요』(도서출판 동학사 2009년 2쇄본)와 『네 사람의 노래』(문학과지성 2012년 초판본)를 각각 저본底本으로 하였다.
  교정을 보면서 제목과 시어 몇 개를 바꾼 작품 외에는 크게 달라진 것이 없다.

시와 시조를 번갈아 써 온 지 올해로 꼭 40년이 되었다.
책 뒤에 연보를 붙이기엔 아직 남아 있는 날들이 많아 사양하기로 했다.
프랑크푸르트에서 디자이너로 활동 중인 딸 다명茶明과 함께 이 시집 시리즈의 표지 디자인을 작업했다. 기쁘다.

2013년 초봄
유 재 영

■ 차 례 ———————— 변성기의 아침

시인의 말

시

모씨某氏   13
일천구백팔십 년 한강   14
사내와 말뚝   15
어머니를 기다리며   16
저 저문 들판 어디 당도하는 기척 하나   17
자연사自然死   18
유랑의 섬   19
꽃의 조건   20
오월   21
변성기의 아침   22
도시의 서쪽   24
또 다른 세상   26
고령읍을 지나며   27

한국대표명시선100 유재영

만어사에 와서   28
유선형으로 오는 사랑   29
샛강에 가자   30
비원에서   31
우표 속 작은 마을   32
가리비 살 오르는 먼 바다 보러 가자   33
일행의 시詩   34
먼 길   35
구절리 햇빛   36
특종   37
두고 온 가을   38
지상에서의 한 모금   39
소행성   40

세한도   41

소리   42

적막   43

가랑잎 다비   44

봄날은 간다 1   45

봄날은 간다 2   46

이런 고요   47

백 년의 그늘   48

만종晚鐘   49

안식   50

돌의 은유   51

극락   52

그곳에 집이 있다   53

시조

물총새에 관한 기억　57
익명의 등불　58
햇살들이 놀러 와서　59
그해 가을 월정리　60
다시 월정리에서　61
햇빛 시간　62
다 못 쓴 시　63
겨울 당초문　64
운문사 가는 길　65
가을에　66
지도엔 없는 나라 ─부석사 무량수전　68
혼자 온 가을　69
가을 손님　70
오동꽃　71
가을 이순耳順　72
홍시를 두고　73
계룡산 귀얄무늬분청사기　74

모과   75
아버지 시학詩學   76
오래된 가을   77
11월   78
윤동주   79
별을 보며   80
쓸쓸한 화답   81
가을 은유   82
하늘빛 생각·I   83
하늘빛 생각·II   84
성묘   85
옷 벗고 마중 나온   86
저 봄밤!   87
첫사랑   88
묵은 책   89

시

모씨 某氏

털 많은 사내,
그의 혈액형은 A형이었어
때때로 엉엉 둠벙처럼 울었어
마흔의 나이 그에게 남은 것이란
흠집투성이의 민적民籍 하나
그리고 환장할 주량뿐이었어
30대 중반부터는 독한 술만 마셨지
이미 그의 가슴엔
달개비꽃 같은 반점이 번졌어
A형으로 피는 비애의 꽃
이윽고 사내는
개흙이 두런대는 언덕을 내려와
마을 뒤쪽으로 걸어갔어

마을엔 깃발 같은 개 짖는 소리………

일천구백팔십 년 한강

그날도 강을 거슬러 온 사내들로 붐볐다.
때 묻은 중절모와 푸성귀 같은 사투리와
공기 속으로 막막히 흩어지는 허망한 물살 소리와……
어느덧 짧은 겨울 오후는 끝나가고
검은 강물이 머무는 황토배기 목로엔
개발지역 흙이 묻은 비닐 점퍼 두엇,
니기미 이눔으 세상……
뜨거운 술잔을 거머쥐고 있었다.
시내 쪽으로 달리는 차가운 불빛의 일단이
천막 속으로 뛰어들었다.
불빛은 사질 양토를 짓이기고 돌아온
목이 긴 고무장화와 무쇠 곡괭이를 비추었다.
불빛은 술 파는 여자의 가슴도 비추었다.
설탕 바른 과자를 뜯어 먹는 여자의 어린아이도
사정없이 비추었다.
누군가 불빛에 대고 핵핵 기침을 했다.
다시 어둠이 시작되었고
한강은 아주 비굴한 자세로
이들을 도둑처럼 지켜보고만 있었다.

사내와 말뚝

무덤 가까이로 과객過客 같은 달이 하나
파랭이꽃은 어둠을 야금야금 씹고 있었고
올 것이 오리라고 아그배나무가 속삭였어
어린 오리나무도 키득키득 웃었어
들판 저쪽에서 들리는 말뚝 치는 소리
굴참나무 말뚝을 치면 굴참나무 귀신이 붙고
개똥나무 말뚝을 치면 개똥나무 귀신이 붙었어
며칠 후 사내는 어디론가 떠났다
들판엔 사내가 남긴 몇 개의 모발毛髮과
다 떨어진 장갑 한 켤레
반딧불이는 반딧불이끼리 무엇을 의논하고
말뚝은 말뚝끼리 버려졌어
과객過客 같은 달도 떠났어

어머니를 기다리며

그날도 어머니는 보리 이랑을 끌고 오셨다
이랑마다 뽑다 버린 어둠들이 강물처럼 출렁이고
나는 보리보다 더 자란 어둠을 밤새워 낫질했다
새벽 일찍 어머니는 다시 보리밭에 나가시고
나는 저녁에 있을 어둠과의 싸움을 위해
낫 갈이를 계속했다.
—— 산맥처럼 수북이 쌓이는 나의 작업량
오정쯤이면 어린 누이의 치마폭엔
배고픈 봄 뻐꾹 울음만 가득하고
나는 휘청거리는 몸짓으로
누이의 치마폭에 담긴
뻐꾹 울음마저 모두 다 잘라내면
어느덧 어머니 돌아오실 시간이 되었다.

저 저문 들판 어디 당도하는 기척 하나

둠벙 가까이 말뚝들이 떼 지어 울고 있다
오늘 아침에는 어린 말뚝 하나가
어디론지 뽑혀나가고
어제 나갔던 말뚝 하나는
허리가 부러진 채 돌아왔다
속 내용도 모르는 수입종 미루나무와
지조 없는 개쑥들은 입방아만 찧어대고
하늘 궁금한 잔별들만 둠벙 가득 모여들어
떠나갈 말뚝들을 점쳐보는 늦여름 저녁 한때,
누군가 돌아올 말뚝 하나를 기다리고 있었다

저 저문 들판 어디 당도하는 기척 하나,

자연사 自然死

산山은 어둠을 말아 세우고
한 마리의 새를 놓아 주었습니다.
새는 온갖 벌레 울음과
마을 불빛들을 물어 오고
컹컹 개 소리마저 물어 오고
그러던 어느 날 새가 죽었습니다.
쓸쓸한 자연사 自然死
물어 온 벌레 울음이 달아나고
마을 불빛들도 뿔뿔이 달아나고
개 소리마저 도망가고
뼈로 남은 앙상한 새
산山은 다시 어둠을 말아 세우고
또 한 마리의 새를 놓아 주었습니다.

유랑의 섬

언제부터인지 내 몸 한구석
이름 없이 떠도는 유랑의 섬 하나,
때때로 온몸을 한 자루 피리로 울리다가
시름시름 은유로 돌아눕는 꽃!
어느 봄날 무슨 까닭인지
내 몸의 은유들이 모두 죽임을 당하고
그 죽임마저 가루가 되어
저문 강물로 돌아올 때
누군가 내 가슴 변방에 불을 놓고 있었다
활활 타는 영혼의 일부,

꽃의 조건

일어서고 다시 스러지는
그윽한 빛의 사유와
내면 가까이 물이 되어 흐르는
귀여운 음계音階들의 작은 속삭임
하나 둘 셋 넷
분홍빛 품사들은 제가끔
비인 자리마다 향기로 날아가
하늘 저 멀리
초록색 꿈을 끌어당긴다.
아아 하나의 거룩한 아름다움은
죽음의 신비보다도 깊은 것!
이 세상 모든 빛깔들이
모음과 자음으로 짜여지고
우리들 빛이 마지막 퇴적을
끝낼 때
나는 그 그늘 아래를
비극처럼 살고 싶다.

오월

상추꽃 핀
아침

자벌레가
기어가는
지구 안쪽이
자꾸만
간지럽다

변성기의 아침

창 열린 집을 지나
자작나무숲을 지나
아그배꽃 핀 아침
장수하늘소가
묵은 가지에서
천천히 내려오고
혀가 예쁜 새들은
조금 전부터
울기 시작했다
조그마한 소리에도
맑게 금이 가는
공기들의 푸른 이동
지빠귀 분홍색 알은
내일쯤이면
무슨 소식이 있으리라
안개가 떠난 자리
채 식지 않은
은색 똥 몇 개

햇빛을 향해
우리가 남겨야 할
꿈처럼 누워 있다

도시의 서쪽

허리춤까지 자란
귀리밭머리
쟁강쟁강 햇빛 꺾으며
날아가는
물총새 한 마리
메아리는
풍경 밖에서
은빛 이랑이 되어
돌아오고
언덕 너머 저수지
피라미 떼 등뼈도
한결 더
단단해졌구나
잠시 호랑가시나무숲을
빠져나온
어린 바람의
연둣빛 상처와
고요를 연하게
부러뜨리며 지는
키 작은 들꽃

몇 송이
그 순간에도
풀씨들은
새로 태어날
이 마을
아이들을 위하여
조금씩 조금씩
여물어 가고
있었다

또 다른 세상

말간 귀를 세운
은사시나무가
비발디를 듣고 있다
야윈 바람은
가볍게 가볍게
발을 헛딛고
방금 숲으로 달려나온
찌르레기 울음소리가
또 다른 세상을
만나고 있다
얼마를 버리고 나면
저리도 환해지는 것일까
오늘도, 나뭇잎에는
나뭇잎 크기의
햇살이 얹혀 있고
눈물에는 눈물 크기만 한
바다가 잠겨 있다

고령읍을 지나며

언제나 이 나라 하늘은 유백색이구나
구름은 말갈기 모양으로 흩어지고
무덤 속 장검들은 하루에도 몇 번씩 크게 울었다
깨어진 토기들이 유민처럼 모여 사는
그렇다, 왕조가 없는 땅에서
대숲의 대는 더 이상 자라지 않는다
채 가두지 못한 벌판의 무성한 바람 소리와
고령토 저 산맥들은
불멸이다, 불멸이다 천 년을 서서 살았다
우륵이여, 그대 목 쉰 가락이여
몇 굽이를 굽이쳐서 강물이 되었는가
버려진 악보처럼 마디 삭은 갈밭에는
어제도 그제도 은잔 같은 달이 떴다

만어사에 와서

햇빛도 젖은 마음을 어쩌지 못할 때
먹장삼 쓰고 전생의 물결로 다가와
나를 무너뜨리고 그대를 무너뜨리는
만어사 일만 개 바위들아
사랑한다는 것은 비로소 눈물이구나
가벼운 새털구름에도 흔들리고
달빛에도 마구 쓰러지는 마른 풀잎이구나
바위여, 무슨 인연으로 여기까지 떠밀려와
다시 천 년을 맑은 눈으로 잠을 이루는
물고기가 되었느냐
가린 것 없이 맨몸으로 부활을 꿈꾸며
우리의 젖은 마음을 더욱 젖게 하며
그렇구나, 사랑하는 사람아
잊고 살수록 기억날 일이라면
마침내 그리움의 흰 마침표 되어
만어사 일만 개 바위들을
빈 것으로 채우리라

유선형으로 오는 사랑

지금 막 떡갈나무 아래로
여름산 등고선을 타고 내려온
바람들이 도착했다
반짝이는 벌레 울음들이
작은 포물선을 그리며 파랗게
날아가는 하늘엔
지난밤 별똥별 스쳐 간 자리가
아직도 보라색으로 남아 있고
멀리 부드러운 등을 보이며
남쪽으로 남쪽으로 떠나가는
파도들의 흰 정강이는
한없이 아름답구나
이런 날 우리들 사랑도
유선형으로 오는가
저만큼 거리에 마타리꽃으로
피어 있는 내 서른 살의 여자여
그대 목 가까이 보이지 않는
숨은 점 하나까지도
나는 오늘 그리워했다

샛강에 가자

 옛 다리 건너 제비꽃, 종다리 같은 마음이라면 가문비나무 삭정이 되어 스무 날이고 서른 날이고 바람이나 키우는 마음이라며 그대 창가 목덜미 고운 어린 새 둥지나 되고 싶은 마음이라면 마음의 상처로도 다할 수 없는 그런 마음이라면 안개 속으로 다가가서 자막처럼 지우고 싶은 마음이라면 미닫이 닫고 용서하라 용서하라, 혼자서 울고 싶은 마음이라면

비원에서

　금천교 부근에서 만난 바람은 어제보다 1센티쯤 더 자랐다 백 년 전 햇살이 은빛 목례를 하고 이 나라 정일품正一品 새들은 칠언율시로 초록이구나 떡갈나무 사이로 하얀 목을 내민 연못이 여백으로 살아 있는, 이런 날 나는 자객이 되어 마음에 가둔 사람 하나 눈부시게 풀어 주고 싶다

우표 속 작은 마을

미처 부치지 못한 우표 속 작은 마을 눈이 내렸다
한 번도 밟지 않은 눈길이 첫사랑 몫으로 남아 있구나
분명 그곳은 지난여름 말나리꽃 피던 곳
착하게 엎드린 언덕 아래 햇빛들의 발목이 자꾸만 빠지고
깨금나무 가지 사이 도롱이 집, 참 따뜻해 보였다

가리비 살 오르는 먼 바다 보러 가자

    언덕 너머 개미취는 무슨 색깔로 지고 있나 명아주 대궁에 감기는 마른 고요 덩굴손 보러 가자 가리비 살 오르는 먼 바다 보러 가자 갈꽃 지는 저녁 무렵 숲 속 어둠도 보러 가자 상수리나무숲 하복부 따뜻한 청설모 꼬리 보러 가자 그림 속 파일도 익는 늦가을 햇빛 밟으러 가자 우렁이 껍질에 모이는 빈 들의 바람 소리 들으러 가자 매일 밤 별들이 숨는 옛 우물 연감 떨어지는 소리 들으러 가자 일곱 살 적 다리목 아직도 잠겨 있을 낮달 보러 가자 섭섭한 목을 하고 막 버스 가는 소리 들으러 가자

일행의 시詩

숨어서 오는 눈은 오리나무 뒤에서도 내린다
혼자서 죽은 하늘다람쥐 정강이뼈가 다 묻힐 때까지
우편번호 없는 마을에도 눈은 내리고
누가 서정시를 쓰고 있나, 마지막 일행처럼
날짐승들이 가, 가, 가 울며 간다

먼 길

세들어 살던 떡갈나무 숲을 비우고
산등성이를 넘어가는 오소리 가족이 있다

지난밤 먹을 것을 구하러 인가 가까이 갔던
막내는 끝내 모습을 보이지 않았다

힐끗 뒤돌아본 떡갈나무 숲에는
벌써 흰 눈이 쌓이고 있었다

은 스푼 같은 달이 뜨는 곳,

구절리 햇빛

며칠 전,
투구벌레 두 마리
자웅을 가리던 곳
오늘은 쇠별꽃이
많이 피었습니다
부전나비 한 쌍
자꾸만 자리를
옮겨 앉고
메추라기 새끼가
고개를 갸웃대며
지나갑니다
구절리 햇빛들이
개살구 속살까지
말갛게 비추는 동안
어디선가
외대버섯 냄새가
고요히 퍼졌습니다

특종

 고란초, 돌마자, 물두꺼비가 함께 어울려 산다는 경북 울진군 서면 왕피리 속사마을 인근 협곡 동안거 끝내고 처음으로 기어 나온 꼬리치레도롱뇽, 아까부터 제 몸 빛깔 닮은 늙은 바위에 엎드려 가쁜 숨을 할딱이고 있는데 서울에서 내려간 한겨레신문 이종찬 기자는 썩 좋은 봄맞이 그림이라고 연신 카메라 셔터를 눌러댑니다. 바로 그 순간 숨을 죽이고 다음 차례를 기다리고 있던 황조롱이 한 마리 10미터 상공에서 부리가 번쩍! 빛났습니다

두고 온 가을

추녀 낮은 집 창틀 아래 가부좌로 쪼그려 앉아 빈집을 지키는 강아지 똥 곁으로 은빛 꽃씨들은 벌써 몸이 가벼워 수런대고 주둥이 까만 벌레 파먹다 만 오갈피나무 구멍 난 잎사귀엔 청산가리 같은 가을 하늘이 퐁당 빠져 있다

지상에서의 한 모금

갑자기 수천의 은사시 나뭇잎이 흔들리더니
토란잎에 얹혀 있던 물방울이 뚝! 떨어진다
지구의 발등이 젖는다

소행성

  그동안 마름잎에 숨어 있던 손톱만 한 개구리 한 마리 물속으로 뛰어들었다 멀리 지구라는 늙고 병든 소행성에서 모처럼 들리는 첨벙! 하는 소리

세한도

어깨 높은
조선 소나무랑

남향은 사치로워
문패도 없는
북향집

홀로
댓돌 위엔
흰 고무신

가랑잎
한 장

소리

벌써
몇 번째

어둠을 뚫고,

고요에
이마를
부딪치는

열매가
있다

적막

오래된 그늘이

지켜보고 있었다

나뭇잎 하나가

툭! 떨어졌다

참 조용한

하늘의 무게

가랑잎 다비

여름 내내
벌레들에게
몸 보시하고

비로소
누더기 단벌옷으로
돌아와 누우셨다

스님 닮은
그 가랑잎,

봄날은 간다 1

옥양목빛 햇빛 아래 쓸쓸한 퇴적암 아래 환한 돌미나리 꽃 아래 바람에 나는 물뱀 허물 아래 꽁지 짧은 새들의 은빛 지저귐!

봄날은 간다 2

 가끔씩 까치가 물고 가던 삭정이 떨어뜨린 그곳, 보리깜부기 흔들다 온 어린 바람 가랑이 사이로 누군가 벗어 놓은 문수 작은 고무신 한 짝 고요히 삭고 있다

이런 고요

  하늘길 먼 여행에서 돌아온 구름 가족이 희고 부드러운 목덜미를 잠시 수면에 담그고 있는 동안 이곳에서 생애의 첫여름을 보낸 호기심 많은 갈겨니 새끼들이 물 밖으로 튀어 올랐다가 다시 수면 사이로 재빨리 사라진다 일순, 움찔했던 저수지가 다시 조용해졌다

백 년의 그늘

 새 한 마리가 똥을 누네 느릅나무 가지 사이로 반짝, 빛나는 지상의 얼룩. 조금 전 밀잠자리 사냥으로 배가 부른 채 어슬렁어슬렁 산책을 즐기시던 버마재비가 순간 놀라 속옷 것까지 다 보이며 날아가네 며칠 전 알에서 깨어난 금빛어리표범나비 날갯짓 한참 하고 가더니 오랫동안 입 다물고 있던 금강초롱이 비로소 꽃이 되었다 보는 이 없어도 그냥 이루어지는 저 아름다운 기교여 소풍 나온 어린 바람 저희끼리 치고받으며 히히대고 어느덧 개망초꽃 이마 위로 한결 팽팽해진 햇빛들, 느릅나무는 오늘도 그냥 그 자리 백 년도 더 된 커다란 그늘을 평평하게 깔고 있었다

만종晩鐘

멀리 종각이 보이는
가을 비탈밭,
여름 내내 땀 흘려
보살핀 과일들을
하루 종일 젊은 내외가
묵묵히 따고 있다.
혼자 집에 남아
열린 창 너머
무심히 떠가는
마른 꽃씨 바라보다
문득 잠이 든 아이,
빨간 망개나무 열매가
별이 되는
그런 꿈을 꾸는 동안
가을은 이 집을 위해
특별히 며칠 더
머무시는가 보다

안식

지상엔 며칠째
바람이 불고 비가 옵니다

나무 의자 하나를
하늘 가까이 놓아둡니다

왠지 오늘은
절뚝발이 아기별이
나들이 올 것 같아

돌의 은유

경기도 양평군 개군면 어린 햇살들이 숨어 있다 여름밤 숫기없는 젖은 달빛이 숨어 있다 뒤울 안 골담초 흔드는 발목 하얀 바람 소리가 숨어 있다 사십 년 전 눈 내리는 고향 다리목 두고 온 첫사랑이 숨어 있다 젊은 날 오동꽃 보며 혼자 울었던 눈물이 숨어 있다 천 년을 가도 같은 빛깔 아아아 일만 송이 조선 매화가 숨어 있다

극락

 강원도 인제군 북면 용대리 내설악 백담사 무설전 앞, 벗어 놓은 동자승 고무신 속으로 황급히 소나기 피해 뛰어든 개구리 한 마리!

그곳에 집이 있다

수줍음 잘 타는
강아지 똥

땅개미 달싹달싹
밀고 가던 흙 멈춘 곳

허락도 없이
밀잠자리 수시로 들락거리는

그곳에 집이 있다

방 한 칸,
부엌 하나
왠지 누군가
불쑥! 반길 것만 같은

경북 안동시 일직면
조탑리 7번지

시조

물총새에 관한 기억

작자 미상 옛 그림 다 자란 연잎 위를
기름종개 물고 나는 물총새를 보았다
인사동 좁은 골목이 먹물처럼 푸른 날

일곱 문 반짜리 내 유년이 잠겨 있는
그 여름 흰 똥 묻은 삐딱한 검정 말뚝
물총새 붉은 발목이 단풍처럼 고왔다

텔레비전 화면 속 녹이 슨 갈대밭에
폐수를 배경으로 실루엣만 날아간다
길 없는 길을 떠돌다 되돌아온 물총새

익명의 등불

풀무치 날아간 숲 무슨 일이 일어나나

자음과 모음으로 다 못 쓰는 수사학

우리들 찔레순 사랑 등성이를 넘는다

억새에 베인 바람 우우우 몰려가고

초롱꽃 이운 자리 멀리 가는 향기 있어

그날 밤 잠 못 이루던 익명의 등불 하나

햇살들이 놀러 와서

아가위 열매 익자 가만 휘는 무게여

잎사귀 뒤에 숨은 고 열매 빛깔까지

벌레에 물린 가을이 가랑잎처럼 울었다

보랏빛 여운 두고 과꽃으로 지는 하루

오늘은 한종일 햇살들이 놀러 와서

마른 풀 남은 향기가 별빛처럼 따스했다

그해 가을 월정리

적막한 무게 이고 서서 피는 들꽃이여

투명한 기척으로 낯선 별이 지고 있다

— 길 숨긴 잡목림 너머 등불 켜는 작은 집

어느 마을 누군가 이별을 하고 있나

가을새 날갯소리 먹물처럼 번져 가는

대숲은 음력달 한 채 가슴 속에 묻었다

다시 월정리에서

정강이 말간 곤충 은실 짜듯 울고 있는

등 굽은 언덕 아래 추녀 낮은 집이 한 채

나뭇잎 지는 소리가 작은 창을 가리고

갈대꽃 하얀 바람 목이 쉬는 저문 강을

집 나간 소식들이 말없이 건너온다

내 생애 깊은 적막도 모로 눕는 월정리

햇빛 시간

미나리 새순 같은
사월도 상순 무렵

초록빛 따옴표로
새 한 마리 울다 가면

내 누이
말간 눈물엔
나이테가 돌았다

다 못 쓴 시

지상의
벌레 소리
씨앗처럼
여무는
밤

다 못 쓴
나의 시
비워 둔
행간 속을

금 긋고
가는 별똥별
이 가을의
저 은입사銀入絲*!

*) 청동이나 주석 등에 새겨 넣은 은줄. 국보 92호로 '청동은입
  사포류수금문정병靑銅銀入絲蒲柳水禽文淨瓶'이 있다.

겨울 당초문

북극성을 비껴가는 외기러기 울음소리

보랏빛 별을 보던 그 소년도 떠나가고

우물 속 가을 잎새가 일생을 보내는 밤

먹물 삭은 궁서체를 운문으로 읽다 보면

누군가 먼저 짚은 아득한 감탄사여

미닫이 밝힌 절구絶句가 댓잎보다 푸르다

운문사 가는 길

기러기 한 쌍만이 어젯밤에 날아갔을
숲 짙은 대숲 아래 지체 높은 어느 문중
남겨 둔 월화감 몇 개 등불 마냥 밝구나

장삼 입은 먹 바위 햇빛도 야윈 곳에
무심코 흘림체로 떨어지는 잎새 하나
가만히 바라다보면 참 아득한 이치여

사랑도 그리움도 어쩌지 못할 때
청도 운문 골짜기 굽이굽이 돌아 나온
득음은 저런 것인가, 옷을 벗는 물소리

가을에

1

마른 잎에
얹히는
그리움의
무게처럼

까마득
지난 생각
눈물보다
맑아서

마음속
숨겨둔 갈피
등을 거는
먼 사람

2

연잎만 한
세상에서
가을이란
남은 여백

사소한
소리에도
햇빛들은
바스라져

갈대꽃
마른 가슴만
저리 희게
우느니

지도엔 없는 나라
— 부석사 무량수전

나무로 깎아 만든 고려사가 저렇던가
6백 년 그 세월을 가부좌로 앉았다
대장경 어느 구절에 글자로써 세운 집

배흘림기둥으로 층층이 불을 밝혀
화엄인가 극락인가 말씀의 구중궁궐
오늘도 청동빛 물살 헤엄치는 풍경소리

지도엔 없는 나라 여기에 있었구나
만지면 부서질 듯 햇빛도 고려 햇빛
돌에도 피가 도는가, 부석사 무량수전

혼자 온 가을

줄기 삭은 갈대밭 기러기 갈색 울음

몰래 익은 산초 열매가지 끝이 휘어지고

낙엽 진 산허리 돌며 등고선이 풀어진다

길 떠난 동고비 아직 오기 이른 시간

긴 목 들고 서 있는 구절초 야윈 대궁

저만큼 중년의 구름 만연체로 떠 있구나

가만히 불러 보면 물빛으로 다가서는

첫사랑, 그 이름이 더욱 맑게 보이고

올해도 가을은 혼자 뒷모습만 두고 갔다

가을 손님

여름이 떠나가는 마른 풀잎 사이로
밤새 벌레 울음이 가등처럼 하얗고
쓰다만 그대 안부가 반쯤 젖어 있구나

놓아둔 어둠 저쪽 길 밖에 길이 있어
기억의 지번(地番)으로 목선 저어 오는 이
내 갈밭 그 몇 평 근심 서걱이며 오는 이

오동꽃

언제였나 간이역 앞 삐걱대는 목조 2층

찻잔에 잠긴 침묵 들었다 다시 놓고

조용히 바라본 창밖 속절없이 흔들리던

멀리서 바라보면 는개 속 등불 같은

청음도 탁음도 아닌 수더분한 목소리로

해질녘 삭은 바람결 불러 앉힌 보랏빛

누구 삶이 저리 모가 나지 않던가

자름한 고, 어깨를 툭 치면 울먹일 듯

오디새 울다 간 가지 등 돌리고 피는 꽃

가을 이순耳順

접미사가 아름다운 누구의 운문이냐

맑게 고인 어둠 저편 난초 휘인 창문 하나

잔 가득 고요를 부어 절반쯤 마셔본다

귀얄무늬 잠길 듯 남겨 둔 향기처럼

내 생각 마른 대궁 가만히 와 흔드는 이

이 밤도 지는 잎 소리 적막보다 크구나

홍시를 두고

I

첫서리 내린 마당 누구의 발짝처럼
어디서 날아왔나 등 붉은 감잎 한 장
고향집 노을이 되어 사뿐히 누워 있네

II

지우고 고쳐 쓰다 확 불 지른 종장終章같이
와와와 소리치면 금방 뚝 떨어질 듯
우주 속 소행성 하나 발그라니 물이 든다

III

굽 높은 그릇 위에 향기 높은 전신 공양
가만히 귀 기울면 실핏줄 삭는 소리
말갛게 고인 저 투명 문득 훔쳐 갖고 싶다

계룡산 귀얄무늬분청사기

석류꽃 부신 뒤란 담 너머로 건네주던

후, 불면 날아갈 듯 그 사랑 눈빛 같은

백토로 새긴 물고기 헤엄치는 접시 바다

당초무늬 휘어진 그윽한 그늘 아래

도공의 막내딸이 와락 달려 안길 듯

나긋한 허리둘레로 저리 가쁜 숨소리

맨발로 눈썹달이 아장아장 걸어 나와

여울에 발 담그고 피라미와 놀다 가는

귀얄로 스쳐 간 자리 물빛 찰랑 넘친다

모과

봉은사 칠십일과 판전* 글씨 닮은 가지
하늘빛도 무거워 휘영청 굽은 곳에
밀봉한 가을을 열자 기우뚱한 무게여

벌레 먹은 잎사귀 이마 반쯤 가린 채
종갓집 뒤란 밝힌 그 향기 묻어날 듯
낙과를 주워든 손이 조용히 떨려 온다

툭, 하고 건드리면 움찔 놀랄 모습으로
손때 묻은 반닫이 누구의 유산인 양
오늘도 남향 창가에 가부좌로 앉는 너,

*) 추사가 죽기 3일 전에 '칠십일과七十一果'라는 쓴 현판 글씨.
　 서울 봉은사에 있음.

아버지 시학詩學

언제나 경상 위엔 포롬한 붕어연적
아버지 두고 가신 지상에서 80년이
오늘은 눈보라 속에 세한도를 그립니다

굽힘 없는 해서체 필사본 논어 한 질
봄날에 쓴 글자에는 되감기는 아지랑이
가을에 쓴 글자에는 구절 빛 시간이

매화꽃 지는 밤엔 누가 와서 듣고 가나
장지문 환히 밝힌 촛불 같은 마음으로
고요도 먹물이 묻는 학이편學而篇* 읽는 소리

아버지……! 부르면 오오냐 대답할 듯
마지막 가시던 날 진솔옷 그 한 벌이
무덤가 초롱꽃 되어 손자 절을 받습니다

*) 논어 학이편

오래된 가을

수척한 햇빛들도 때로는 눈부셨다

조용히 몸 가리고 들꽃 피운 작은 언덕

다가가 만지고 싶던 손목 하얀 그 가을

돌아보면 아직도 물빛 같은 그리움이

첫사랑도 슬픔들도 내 생애 은빛 굴레

먼 안부 보낼 곳 없어 가득하던 그 허공

11월

목월木月이 걸었다는
마포 당인리 길

조용히 어깨에 얹히는
나뭇잎 한 장,

누구의
보랏빛인가
허리가
가느다란

윤동주

자벌레가
기어가면
한 오 분쯤
걸릴까

별과 별
사이에도
등이 파란
길이 있다

조그만
소년 하나가
말끄러미
쳐다보는,

별을 보며

어느 날 먼 빛깔로 가만히 다가와서

조금만 스쳐도 쨍그렁! 소리 날 듯

저리도 오랜 설레임, 연둣빛 가슴이여

그리움도 하늘 닿으면 나도 하나 별이 될까

오늘처럼 흰 이마가 젖도록 푸른 밤은

누군가 함께 가야 할 그런 길이 보인다

쓸쓸한 화답

중년의 나이 앞에 툭! 하고 떨어지는

신갈나무 열매 한 개 가만히 주워본다

화두란 바로 이런 것 쓸쓸한 화답 같은,

마른 꽃 흔들다가 혼자 가는 바람처럼

등 뒤로 들리는 가랑잎 밟는 소리

가벼운 이승의 한때, 문득 느낀 허기여

가을 은유

I

달빛이나 담아 둘까 새로 바른 한지창에
누구의 그림에서 빠져나온 행렬인가
기러기 머언 그림자 무단으로 날아들고

II

따라 놓은 찻잔 위에 손님같이 담긴 구름
펴든 책장 사이로 마른 열매 떨어지는
조용한 세상의 한때, 이 가을의 은유여

III

개미취 피고 지는 절로 굽은 길을 가다
밑동 굵은 나무 아래 멈추어 기대서면
지는 잎, 쌓이는 소리 작은 귀가 간지럽다

하늘빛 생각 · I

물그릇 테두리가
유난히도 또렷한

문득 내게 찾아온
눈물 같은 가을 아침

서그럭
잎 지는 소리
어제처럼 들립니다

하늘빛 생각 · II

가벼운 마른 꽃씨
떼 지어 날아간 곳

맞들다 기울면
파랗게 쏟아질 듯

넘치는
하늘빛 생각
그리움을 보탭니다

성묘

봉분이 열리고 조용히 나오셔서

"아이고 애야 날이 추워졌다 챙겨 입거라"

따스한 새 옷 한 벌을 내어주실 것 같아,

옷 벗고 마중 나온

옷 벗고 마중 나온 산그늘이 좋아서

선운사 툇마루 녹찻빛 한나절은

난보다 푸른 고요가 가부좌로 앉는다

저 봄밤!

지는 꽃 그림자를
멀리 개가 짖는다

청명을 지나와서
물소리도 가벼운

북두 끝
누가 놓고 간
눈이 파란
저 봄밤!

첫사랑

마알간
햇빛 속을
혼자 우는
새가 있다

부드러운
물소리에도
금이 가는
돌이 있다

첫사랑
모올래 숨긴
단물 들던
그 가을!

묵은 책

화다닥 타는 소리
봄이 성큼 오는 소리

네모난 그 창가에
창호지도 물이 들어

묵은 책
넘기는 손에
우연 잡힌
분홍빛,

〖한국대표명시선100〗을 펴내며

　한국 현대시 100년의 금자탑은 장엄하다. 오랜 역사와 더불어 꽃피워온 얼·말·글의 새벽을 열었고 외세의 침략으로 역경과 수난 속에서도 모국어의 활화산은 더욱 불길을 뿜어 세계문학 속에 한국시의 참모습을 드러내게 되었다.
　이 나라는 글의 나라였고 이 겨레는 시의 겨레였다. 글로 사직을 지키고 시로 살림하며 노래로 산과 물을 감싸왔다. 오늘 높아져 가는 겨레의 위상과 자존의 바탕에도 모국어의 위대한 용암이 들끓고 있음이다.
　이제 우리는 이 땅의 시인들이 척박한 시대를 피땀으로 경작해온 풍성한 시의 수확을 먼 미래의 자손들에게까지 누리고 살 양식으로 공급하는 곳간을 여는 일에 나서야 할 때임을 깨닫고 서두르는 것이다.
　일찍이 만해는 「님의 침묵」으로 빼앗긴 나라를 되찾고 잃어가는 민족정신을 일으켜 세우는 밑거름으로 삼았으며 그 기름의 뜻은 높은 뫼로 솟아오르고 너른 바다로 뻗어나가고 있다.
　만해가 시를 최초로 활자화한 것은 옥중시 「무궁화를 심고자」(《개벽》 27호 1922. 9)였다. 만해사상실천선양회는 그 아흔 돌을 맞아 만해의 시정신을 기리는 일의 하나로 '한국대표명시선100'을 펴내게 된 것이다.
　이로써 시인들은 더욱 붓을 가다듬어 후세에 길이 남을 명편들을 낳는 일에 나서게 될 것이고, 이 겨레는 이 크나큰 모국어의 축복을 길이 가슴에 새겨나갈 것이다.

만해사상실천선양회

한국대표명시선100 | 유재영

변성기의 아침

1판1쇄 인쇄 2013년 4월 22일
1판1쇄 발행 2013년 4월 30일

지 은 이 유재영
뽑 은 이 만해사상실천선양회
펴 낸 이 이창섭
펴 낸 곳 시인생각
등록번호 제2012-000007호(2012.7.6)
주   소 경기도 양평군 옥천면 고읍로 164
          ㈜476-832
전   화 (031)955-4961
팩   스 (031)955-4960
홈 페 이 지 http://www.dhmunhak.com
이 메 일 lkb4000@hanmail.net

값 6,000원

ⓒ 유재영, 2013
ISBN 978-89-98047-33-7 03810

* 저자와의 협의에 의하여 인지를 생략합니다.
* 이 책의 저작권은 저자와 시인생각에 있습니다.
* 잘못된 책은 책을 구입하신 서점에서 교환하여 드립니다.

※ 이 책은 만해사상실천선양회의 지원으로 간행되었습니다.